AF391106

CHAMBRE DES DÉPUTÉS

SÉANCE DU MARDI 29 JUILLET 1879

DISCOURS

PRONONCÉ PAR

M. le baron HAUSSMANN

DÉPUTÉ DE LA CORSE

Sur la proposition de loi

TENDANT

à faire disparaître les ruines des Tuileries

PARIS

IMPRIMERIE CENTRALE DES CHEMINS DE FER

A. CHAIX ET Cie

RUE BERGÈRE, 20, PRÈS DU BOULEVARD MONTMARTRE

1879

DISCOURS

PRONONCÉ PAR

M. le baron HAUSSMANN

DÉPUTÉ DE LA CORSE

**Sur la proposition de loi
tendant à faire disparaître les ruines des Tuileries**

Messieurs,

La proposition de loi soumise à l'examen de la Chambre a été présentée, instruite, rapportée et mise à l'ordre du jour avec une telle rapidité, qu'il me paraît très-difficile que chacun de nous puisse se rendre un compte exact, d'abord, de la nature et du caractère des divers travaux qu'il s'agit d'exécuter, et, en second lieu, de la dépense qu'ils comportent.

Le rapport de l'honorable M. Antonin Proust, que j'ai à peine eu le temps de parcourir, pose et résout affirmativement trois questions.

Je demande à la Chambre la permission de ne pas m'occuper de la deuxième, qui a pour objet des travaux provisoires de baraquement dans l'ancienne cour des Tuileries.

Je me réserve de dire quelques mots sur la troisième, qui s'applique à la transformation de cette cour en un jardin français.

Mais, si la Chambre m'y autorise, je m'arrêterai davantage à la première question : Y a-t-il urgence à faire disparaître les ruines du palais des Tuileries?

Le rapport ne dit pas si l'on doit mettre quelque chose à la place...

Voix diverses à gauche. — On n'y mettra rien ! — On n'y mettra qu'un jardin français !

M. LE BARON HAUSSMANN... — Ou si l'on fera purement et simplement place nette.

Le rapport est très-bref sur cette première question, qui est cependant, à mon sens, la plus importante des trois. Il se borne à ce court alinéa :

« La commission a été unanime à reconnaître qu'il était urgent de faire disparaître les ruines des Tuileries, dont la présence a quelque chose de véritablement choquant pour notre patriotisme, et qu'il était même regrettable que l'on n'eût pas, dès le lendemain de l'incendie, recueilli et abrité dans les musées ce qu'il y avait d'intéressant dans les fragments de ce monument, dont la dégradation s'augmente chaque jour depuis huit ans. »

Je suis autorisé à induire de ces paroles, que, dans l'intention des auteurs de la proposition de loi, il s'agit, purement et simplement, de détruire les ruines des Tuileries, de faire ce qu'on aurait dû faire, suivant l'honorable rapporteur, depuis huit ans déjà, c'est-à-dire de recueillir et abriter dans des musées les fragments intéressants du monument incendié.

Je m'associe pleinement à M. le rapporteur quant au regret qu'il exprime au sujet du maintien, pendant huit ans, du spectacle affligeant de ruines lamentables, lorsqu'il eût été si facile, si l'on ne savait rien faire de mieux, de compléter immédiatement l'œuvre des incendiaires de 1871, en rasant tout ce qui avait résisté au désastre.

Mais je crois, pour ma part, qu'il y avait mieux à faire, et j'étais autorisé à espérer, comme tous les amis de l'art, que le Gouvernement en jugeait ainsi, par la reconstruction des deux pavillons extrêmes des Tuileries : le pavillon de Marsan et le pavillon de Flore, infiniment moins intéressants, au point de vue de l'art, que le pavillon central.

Messieurs, ai-je besoin de déclarer que je n'apporte dans cette question aucune préoccupation politique ? (Mouvements divers).

Plusieurs membres à gauche et au centre. — Oui ! Oui ! — Parlez !

M. LE BARON HAUSSMANN. — Messieurs, je ne désire pas plus que les membres de la majorité de la Chambre, que l'on rétablisse jamais, sur l'emplacement des Tuileries, un palais qu'un souverain puisse occuper ; ...

A gauche. — Ah ! ah ! — Très-bien !

M. LE BARON HAUSSMANN... — Mais ce n'est pas tout à fait par les mêmes motifs que les honorables collègues qui m'interrompent. Je ne veux pas allonger mon discours en vous disant pourquoi ; cela pourra venir plus tard... (Rires sur divers bancs à droite.) Mais cela, pour le moment, embarrasserait ma discussion, que je veux absolument renfermer dans la question spéciale soulevée par la proposition de loi. — *L'orateur se tourne vers la gauche.* — Je me trouve d'accord avec vous quant au résultat à poursuivre, bien que je ne partage en aucune façon vos opinions, quant aux raisons déterminantes.

Messieurs, je suis le seul membre de l'Académie des Beaux-Arts qui ait l'honneur de faire partie de la Chambre. Je ne suis membre d'aucune commission parlementaire ou administrative ayant les beaux-arts pour objet; mais je croirais manquer à ma situation, aux devoirs qu'elle m'impose, si je ne venais pas, au nom de mes confrères de l'Institut, appeler l'attention toute particulière de la Chambre sur la gravité d'un projet tendant à la disparition pure et simple d'un monument qui est un chef-d'œuvre d'architecture.

Je veux parler de la partie centrale des Tuileries, qui, à elle seule, serait tout à fait insuffisante pour loger, je ne dis pas un souverain, mais même un Président de République. (Murmures à gauche.)

M. Barodet. — Un Président de République est bien au-dessus d'un souverain !

M. le baron Haussmann. — Je ne veux rien dire d'offensant pour aucun Président de République ; mais j'ai toujours entendu parler de la simplicité républicaine, et je sais que le budget du Président de la République ne lui permettrait pas d'occuper un palais tel qu'étaient les Tuileries avant l'incendie.

M. le prince de Léon. — A quoi bon un palais pour le Président de la République ? Il ne reçoit jamais. (Rumeurs au centre et à gauche).

M. le Président. — Je vous prie, Monsieur, de ne pas faire intervenir ici la personne du Président de la République, qui doit rester étrangère aux débats de la Chambre : c'est un devoir de convenance pour tous les membres de cette Chambre. (Très-bien ! très-bien ! au centre et à gauche.)

M. le baron Haussmann. — Je crois que si, conformément à l'avis donné par une commission spéciale, à l'unanimité, moins une voix, on rétablissait le pavillon central, les galeries qui font partie de l'œuvre de Philibert Delorme, et les deux pavillons dits de Médicis, en supprimant le reste, on maintiendrait la portion la plus intéressante, au point de vue architectural, du palais des Tuileries, et on obtiendrait ainsi l'emplacement d'un musée nouveau, où trouveraient place toutes les œuvres d'art qui sont si mal, à tous égards, au palais du Luxembourg.

Enfin, on conserverait, dans l'axe du jardin des Tuileries et de la grande avenue des Champs-Élysées, un point d'arrêt de perspective, absolument indispensable au bon effet général de cette autre œuvre d'art qu'on appelle le jardin des Tuileries. (Très-bien ! très-bien ! sur divers bancs.)

M. Huon de Penanter. — Cela saute aux yeux !

M. le baron Haussmann. — Évidemment, on ne s'est pas rendu compte de ce qui résultera, comme perspective, de la démolition pure et simple des ruines des Tuileries, parce que ces ruines font encore obstacle à la vue d'irrégularités que vous allez mettre à découvert.

Tout le monde sait que le Louvre n'a pas été construit dans le même axe que les Tuileries. Il y a même cela de particulier, que, les deux axes ne coïncidant pas, il est impossible de placer convenablement, au point de section, un bâtiment, un motif quelconque faisant disparaître cette regrettable divergence. La ligne d'axe du Louvre incline dans la direction de la rue de Rivoli, et celle des Tuileries, dans la direction des quais.

La rue de Rivoli et les quais ne sont pas parallèles. Les constructeurs du pavillon de Flore ont été obligés

de faire ce qu'on appelle, en architecture, un décroche-
ment, c'est-à-dire d'asseoir ce pavillon en fausse équerre
avec l'axe de la galerie dont il forme l'extrémité. Cela se
conçoit parfaitement, si c'est pour raccorder le pavillon
de Flore avec l'alignement d'un édifice central, à mi-
distance de ce pavillon et du bâtiment de Marsan ; mais
cela ne s'expliquera plus du tout, si vous ne mettez rien
dans l'intervalle, parce que cet intervalle est trop grand
pour que l'œil puisse établir aucun rapport entre les deux
pavillons extrêmes.

Je demande pardon à la Chambre d'entrer dans ces
détails techniques. (Parlez ! parlez !)

La reconstruction de ces deux pavillons, qui ont leur
mérite, mais qui ne sont pas des chefs-d'œuvre d'art d'une
valeur exceptionnelle, suppose, soit la reconstruction du
massif central, soit l'édification d'un autre monument
intermédiaire, plus ou moins intimement lié avec eux.

La construction des Tuileries a été faite à diverses épo-
ques. Les premiers travaux ont été entrepris durant le règne
du roi Henri II, sous l'inspiration de Catherine de Médicis,
par le célèbre Philibert Delorme. Tout le monde le sait.
L'exécution des plans de cet architecte d'un goût si pur,
a été continuée pendant quelque temps après la mort de
Henri II. On en voit le témoignage dans certains orne-
ments représentant des miroirs ou des nœuds brisés, et
qui sont des signes incontestables du deuil de la reine.
Peu d'années après, les travaux furent abandonnés.

Ils ont été repris sous Charles IX, et continués sous
Henri IV par l'architecte Jean Bullant, l'auteur des deux
pavillons dits de Médicis, qui se trouvent dans la partie
centrale du palais, des deux côtés du pavillon principal,
à l'extrémité des galeries appuyées par Philibert Delorme
sur ce pavillon.

Les deux galeries dont il s'agit n'avaient que la demi-profondeur du pavillon principal ; du côté du jardin, elles étaient précédées de terrasses supportées par des arceaux, que je me rappelle encore avoir vues dans leur intégrité, et qui plaçaient ces galeries en retraite, de manière à mettre le pavillon en saillie et en toute valeur, de ce côté.

Sous le règne du roi Louis-Philippe, pour accroître les logements du palais, on construisit, sur une des terrasses, un bâtiment doublant la galerie correspondante, qui alourdit beaucoup l'effet d'ensemble des Tuileries.

Je constate avec regret que c'est sous l'Empire qu'on établit, sur l'autre terrasse, un bâtiment parallèle, complétant cette opération, fâcheuse au point de vue exclusif de l'art.

L'architecture de Philibert Delorme a reçu des modifications, dans la partie supérieure du palais, lorsque tout fut terminé, sous le règne de Louis XIV, par l'architecte Leveau.

Les pavillons de Marsan et de Flore et les ailes qui les reliaient aux pavillons de Médicis, avaient été entrepris, sous le règne de Henri IV, d'après les plans d'un autre architecte, qui était le troisième des Ducerceau, — une dynastie d'architectes.

Je n'ai pas à m'occuper de ces ailes, parce que je ne tiens en aucune façon au rétablissement de cette partie des Tuileries ; mais la partie centrale, — le pavillon principal, ses deux galeries sur terrasses et les pavillons de Médicis, — forme un ensemble d'architecture extrêmement remarquable. Les galeries inférieures, les galeries du rez-de-chaussée, tant du côté du jardin que du côté de la cour, sont des chefs-d'œuvre inestimables de l'art architectural français de la Renaissance. Et c'est précisément cela que

vous voulez détruire et faire disparaître à toujours !...
(Très-bien ! à droite.)... en vous exposant au risque, certain pour moi, de ruiner l'idée de l'auteur du jardin des
Tuileries, qui, évidemment, a subordonné toutes ses dis-
positions à l'existence de ces constructions et des pers-
pectives qu'elles lui offraient.

M. CLÉMENCEAU. — Vous avez bien ruiné le Luxembourg !

M. LE BARON HAUSSMANN. — Je ne le crois pas le moins
du monde ; et je ne crains en rien le jugement, à cet égard,
des hommes de goût.

On me dira, sans doute, qu'on ne peut restaurer aucune
portion des Tuileries ; que l'incendie a été tellement
destructeur, qu'il faudrait tout reconstruire de fond en
comble. Je ne crois pas qu'on eût à refaire les fondations, qui forment une partie importante de toute construction, et je croirai difficilement qu'on ne puisse utiliser
aucune partie des façades ; mais, s'il fallait absolument
reprendre toute la superstructure, on devrait procéder
comme sous l'Empire.

On a repris alors, de point en point, toute la construction de la galerie de Henri II ; on a moulé toutes les
pierres sculptées ; on les a exactement reproduites et
remplacées.

J'en conviens, ce ne sont plus des pierres du temps de
Henri II qui constituent la nouvelle façade; mais la pensée
de l'architecte a été conservée fidèlement et peut être trans-
mise à de nouvelles générations : en fait d'art, c'est le
point essentiel. Ce qui importe, ce n'est pas la matière,
c'est l'expression du sentiment de l'auteur. (Marques d'as-
sentiment).

Messieurs, ce qui a été fait pour la galerie de Henri II, peut se faire pour l'œuvre de Philibert Delorme et de Jean Bullant. On peut reconstruire le pavillon central, sauf à la couronner d'une manière plus heureuse que ne l'avait terminé l'architecte Leveau, sous Louis XIV. On peut se borner à la reconstruction de cette partie centrale et des pavillons de Médicis, avec les deux galeries à terrasses qui les joignaient ; supprimer, à l'intérieur, tous les murs de refend, toutes les séparations, et avoir de vastes salons et de grandes galeries où l'on pourra, très-utilement transférer le musée du Luxembourg, qui est très-mal dans son installation actuelle.

Je déclare que, dans ces conditions, il est impossible de craindre que jamais souverain établisse sa résidence aux Tuileries, et cela me satisfait pleinement et doit également vous satisfaire. (Exclamations à gauche).

Maintenant, si, au lieu de suivre ce projet, en faveur duquel je crois savoir qu'une commission de douze membres, présidée par l'honorable sénateur, M. Emmanuel Arago, a été unanime, à l'exception du rapporteur de la proposition présente ; si la Chambre ne veut pas adopter ce projet, qui, cependant, est la conséquence logique de la reconstruction des deux pavillons de Flore et de Marsan ; si la Chambre veut qu'on rase absolument les ruines, en faisant place nette et en comblant les fondations, je dis que vous serez obligés de revenir sur cette décision, parce que l'opinion publique vous imposera, soit la reconstruction de ce qu'on aura détruit, soit une construction quelconque, et voici pourquoi :

Quand on se trouvera dans la grande allée des Tuileries, et encore mieux, quand on se trouvera dans la grande avenue des Champs-Élysées, et qu'on verra l'immense vide produit par la disparition complète des Tuileries, si bien que vous plantiez l'emplacement du palais et de la cour, vous n'arriverez jamais à détruire le fâcheux effet de ce vide.

D'ailleurs, vous apercevrez au loin, et beaucoup trop loin, non pas en face, mais obliquement, à votre gauche, le pavillon central du Louvre, avec tous les bâtiments secondaires, braqués en fausse équerre, et vous ne supporterez pas cette vue-là très-longtemps. (C'est vrai ! à droite.)

Les masses forcément indécises de vos plantations ne sauraient remplacer en aucune façon les lignes fermes des bâtiments pris pour objectifs par l'illustre dessinateur du jardin des Tuileries, qui est aussi une œuvre d'art très-remarquable.

Vous verrez quelque chose de pis que la malheureuse disposition, dont vous avez tous les jours le spectacle, des ailes du palais de Versailles, qui vont toujours s'écartant et finissent par ne rien embrasser qu'une grande place aride à pentes fuyantes.

Vous aurez quelque chose de bien pis ; car vous aurez un espace vide, plus large encore, entre deux grands bras divergents, continués par deux galeries maigres, partant du Louvre et venant, l'un, le long des quais, et l'autre, le long de la rue de Rivoli, pour finir aux pavillons de Flore et de Marsan, dont on ne comprendra même plus l'existence.

Ces deux galeries, seront alors d'un aspect si disgracieux, que vous sentirez la nécessité de placer, au centre de la perspective, quelque chose qui relie les deux masses des pavillons et qui vous empêche de voir le Louvre.

Ici, je suis obligé de faire une confession : je n'ai jamais approuvé, pour ma part, la manière dont le Louvre et les Tuileries ont été raccordés, précisément parce qu'on ne s'était occupé de masquer la divergence de leurs lignes d'axe que par les plantations de la place Napoléon III, impuissantes à produire ce résultat ; mais, du moins, la perspective était intacte de l'autre côté des Tuileries, du côté des jardins.

L'arc de triomphe du Carrousel, érigé sous le règne de Napoléon Ier, en avant de la cour, dans l'axe des Tuileries, et qui est une imitation très-curieuse et très-précieuse d'arcs anciens, a l'inconvénient de faire ressortir le défaut de parallélisme des deux palais ; mais, s'il ne se trouve pas, à beaucoup près, dans l'axe du Louvre, cet arc de triomphe a du moins l'avantage d'être parfaitement en face de la grande entrée des Tuileries. Quand il n'existera plus rien des Tuileries, il n'aura plus aucune excuse d'être là, en complet désaccord avec l'orientation du pavillon central du palais survivant, et vous serez obligés de l'enlever. (C'est vrai ! très-bien ! à droite. — Interruptions à gauche.)

Je ne vous parle que de ce que je sais.

A droite. — Oui ! oui ! très-bien.

M. LE BARON HAUSSMANN. — J'ai été chargé dans le temps de déblayer toutes les constructions qui se trouvaient entre les Tuileries et le Louvre. Il y avait là un quartier fort peu regrettable ; je l'ai fait démolir en entier (Rires à gauche) pour le compte de l'État et de la Ville de Paris. Malheureusement, je n'ai pas eu à intervenir dans le projet de jonction du Louvre et des Tuileries, qui ne regardait pas la Ville ; car j'aurais insisté pour qu'on reprît une portion intéressante d'un autre projet, qui avait été conçu sous le gouvernement de Juillet, en vue d'asseoir un bâtiment entre les deux palais, afin d'y établir la Bibliothèque Nationale.

Ce batiment aurait, en effet, rendu absolument impossible toute constatation de la divergence des deux axes.

Nous avons changé le nivellement du terrain, qui descendait vers l'arc de triomphe, et nous avons, au moyen de déblais très-importants, renversé la pente de manière à placer la ligne des points bas à la rencontre des deux places. Ce travail a mis plus en valeur l'arc de triomphe; mais il n'a pas rendu meilleure la perspective du côté du Louvre. Quoi qu'il en soit, avec ou sans l'arc de triomphe, et de quelque plantation que vous l'appuyiez, si vous le conservez, vous serez amenés forcément, par l'exécution de la démolition des ruines des Tuileries, à édifier une masse de constructions plus imposantes sur l'emplacement de la partie centrale même du palais, soit en vous décidant à la reproduction de cette partie centrale, — ce que, pour ma part, je crois préférable de beaucoup à toute autre combinaison, et ce que tous les artistes, étrangers aux préoccupations politiques, désirent ardemment avec moi, — soit en adoptant le projet de toute autre construction pouvant produire le même effet.

Je ne m'associe pas à l'idée de M. Martin Nadaud, qui demandait qu'on mît la Bibliothèque Nationale sur le point que je crains surtout de voir inoccupé.

Mais, quoi que vous y mettiez, vous ferez mieux que de laisser la place libre, comme le veulent les auteurs de la proposition.

J'ai fini sur la première des questions traitées dans le rapport de l'honorable M. Proust ; il ne me reste plus qu'à dire quelques mots au sujet du jardin à établir dans la cour du Carrousel, et dont le besoin ne se fait pas sentir, à la suite du jardin des Tuileries.

Il s'agit d'un jardin français. Or, les jardins français

supposent des bassins, des effets d'eau, des conduites d'amenée et des égouts de départ, des statues, des vases, des bancs de marbre, etc. En somme, ils coûtent beaucoup plus cher que les jardins anglais, parce que toutes leurs parties doivent être symétriques et architecturales.

Je ne rechercherai pas, Messieurs, ce qu'ont coûté les jardins français du parc de Versailles ; mais si je me rappelle bien les dépenses faites pour l'établissement des jardins, français ou non, de la Ville de Paris, je crois que, pour transformer en jardin les quatre mille mètres...

M. MARTIN NADAUD. — Quarante mille mètres.

M. LE BARON HAUSSMANN. — C'est quarante mille mètres, en effet, 4 hectares de superficie, qu'il y a entre le palais et la grille des Tuileries. Je ne parle pas de la place du Carrousel : je pense qu'on la laissera, du moins provisoirement, telle qu'elle est.

A gauche. — Oui ! oui ! certainement !

M. LE BARON HAUSSMANN. — Eh bien, je vous déclare que 400,000 francs ne suffiront pas (Si ! si ! à gauche).

M. DE LA ROCHEFOUCAULD, DUC DE BISACCIA. — C'est bien sûr !

M. HAUSSMANN. — Nos squares nous ont coûté quarante francs par mètre ; les moins chers de nos jardins ne nous ont pas coûté moins de vingt francs. Le parc de Monceaux, que nous avons trouvé tout fait, tout planté, tout décoré ; que nous avons amélioré, il est vrai, et que nous avons clos par des grilles d'un grand prix ; mais enfin que nous n'avions pas eu à créer de toutes pièces ; — je vois en face de moi un de mes anciens collaborateurs, qui pourra me rectifier si je me trompe ; — le parc de Monceaux, qui n'a pas, à beaucoup près, le double de la superficie de la cour du Carrousel, a motivé une dépense de première installation montant à 1,200,000 francs.

J'ajoute que c'est un jardin anglais, qui n'a pas exigé tout les frais qu'eût nécessités un jardin français.

Je suis absolument certain que le crédit de 400,000 francs qu'on vous demande serait absolument insuffisant, surtout si, comme le rapport nous le fait espérer, on a soin, en démolissant les ruines du palais des Tuileries, d'en mouler toutes les parties intéressantes — et elles sont très-nombreuses — pour les mettre en réserve dans un musée, afin de pouvoir les utiliser au besoin.

A mon avis, les 400,000 francs passeront à la démolition ainsi comprise.

Quant au jardin, il faut compter sur un million ou deux, pour l'établir. (Réclamations à gauche.)

Eh bien, Messieurs, convient-il que la Chambre s'engage, au pied levé, comme le lui demande la proposition que j'examine devant elle, dans une opération dont il nous est impossible de calculer exactement la portée et la dépense? Nous avons eu à peine le temps de lire le rapport ; aucun de nous n'a pu voir le plan du jardin projeté, et n'a pu se rendre bien compte de ce qu'on veut faire. (Très-bien ! à droite.)

Y a-t-il même un plan et un devis? La proposition est l'expression d'un vœu de ses auteurs ; mais cette proposition n'est pas appuyée, comme les projets qui émanent du Gouvernement, par des pièces justificatives. Nous ne savons rien de la pensée du Gouvernement, et cependant, c'est lui qui sera chargé de faire exécuter les travaux projetés !

Messieurs, il me paraît indispensable qu'avant tout vote, la Commission se mette d'accord avec le Gouvernement, pour qu'un plan de ces travaux soit tenu à la disposition de tous les membres de la Chambre, compétents ou non, qui voudront étudier l'affaire en détail. Dans la situation où nous sommes placés, je crois que la Chambre ne peut pas se prononcer en parfaite connaissance de cause, et je demande l'ajournement de la discussion. (Applaudissements à droite et au centre.)

IMPRIMERIE CENTRALE DES CHEMINS DE FER. — A. CHAIX ET Cie,
RUE BERGÈRE, 20, A PARIS. — 14348-9.